Pour Stéphanie, Sébastien, Aurélie,
Eliaz, Maéva et tous les autres
enfants qui prendront leur envol en
lecture en jouant avec ce livre.

Lucienne Mestres

L'imagerie de la lecture

NIVEAU 1

Conception et texte :
L. Mestres
Directrice d'école primaire

Images :
Y. Lequesne

FLEURUS

FLEURUS ÉDITIONS, 15-27, rue Moussorgski, 75018 PARIS
www.fleuruseditions.com

COMMENT JOUER AVEC
L'IMAGERIE DE LA LECTURE

(Avis aux parents)

Il faut lire ces quelques lignes à votre enfant avant de commencer à le faire jouer avec l'imagerie.

I - Qu'est-ce qu'une syllabe ?

Quand tu vois une image, tu dis ce que tu vois avec un mot.
Exemple :

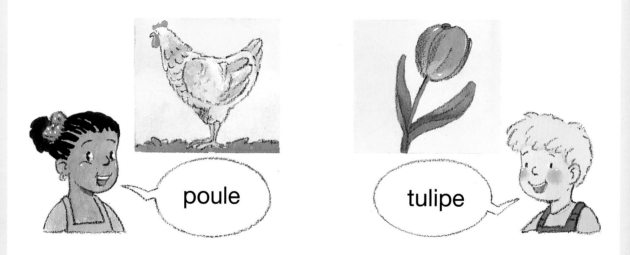

Ton oreille entend ce que tu dis et, si tu prononces bien, elle distingue plusieurs éléments (plusieurs morceaux) dans chaque mot.

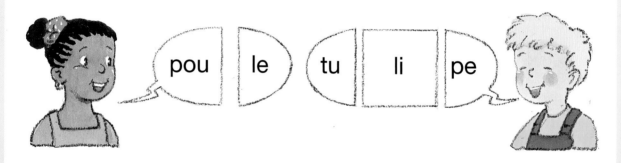

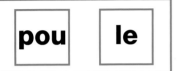

Chacun de ces mots est formé de plusieurs éléments. Chaque élément s'appelle une syllabe.

Remarque : certains mots ont une seule syllabe, comme pot et seau.

pot	seau

Amuse-toi à compter les syllabes des mots correspondant aux images ci-dessous et montre avec le doigt dans quelles cases tu les ranges.

| chat |

| sou | ris |

| ba | na | ne |

| pâ | ti | sse | rie |

II - Qu'est-ce qu'un écho ?

Quand tu cries un mot dans un souterrain ou dans la montagne, le mur ou les parois de la montagne te renvoient la fin de ton mot : c'est l'écho.

Amuse-toi avec ces quatre images comme si tu criais dans un souterrain. Dis pour chaque image la syllabe qui te revient en écho. Tu joues à l'écho-syllabe.

pe

te

re

ne

Tu retrouveras ce jeu dans les premières pages de l'imagerie de la lecture.

CACHE-CACHE

Tu dois découper toutes les étiquettes afin de pouvoir jouer avec ton imagerie.

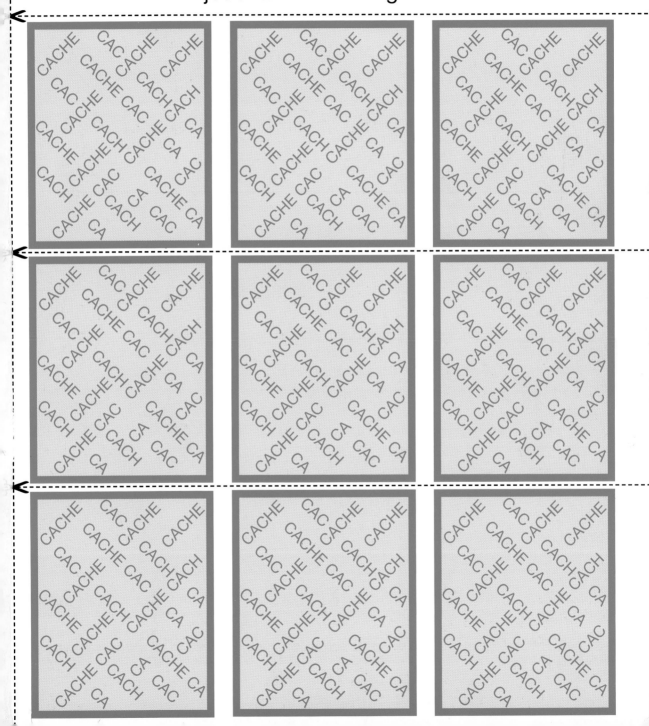

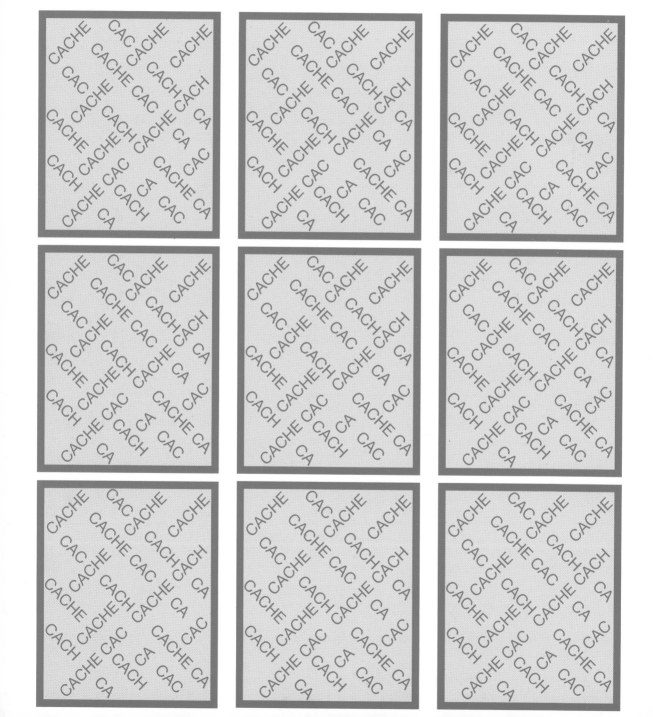

CACHE-CACHE

Tu dois découper toutes les étiquettes afin de pouvoir
jouer avec ton imagerie.

TRES IMPORTANT

• Découpez les étiquettes que vous trouverez sur des pages à part. Elles sont indispensables pour jouer avec l'imagerie. Après utilisation, vous les glisserez dans une enveloppe afin de les protéger.

• Dans un premier temps, il est recommandé aux parents de nommer les images avec l'enfant (afin d'éviter toute ambiguïté d'identification) et de jouer avec lui à l'écho-syllabe. Chaque page présentant une nouvelle syllabe est immédiatement suivie d'une mise en situation de la syllabe avec la stricte intervention des seules syllabes connues.

IL FAUT DONC IMPERATIVEMENT SUIVRE L'ORDRE DES PAGES, LES TEXTES ETANT SOIGNEUSEMENT PROGRAMMES.

Avec le soutien d'une illustration attrayante, l'enfant éprouve très vite la joie de lire seul. Il abordera l'école primaire en confiance, quelle que soit la méthode de lecture utilisée !

(Pour rendre plus facile la lecture aux jeunes enfants, il n'y a pas de majuscules aux noms propres.)

JOUE AVEC LES « pe »

Regarde les images et dis tout haut ce que tu vois. Répète ensuite tout bas le mot de l'image et tout haut la dernière syllabe.

la pipe

pe

le tapis

pi

cheveux crépus

pu

le pot

po

les pas

pa

la poupée

pé

Cache les syllabes de la page de gauche avec les étiquettes que tu as découpées et montre avec ton doigt à quelle image correspond chaque syllabe que tu vois ci-dessous. Soulève les caches pour vérifier.

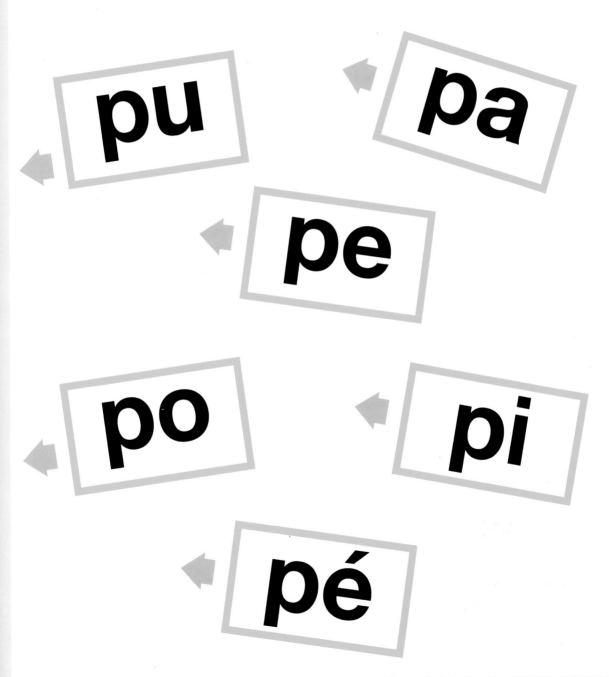

JOUE AVEC LES IMAGES

Cache les images de la page de droite avec les étiquettes que tu as découpées et montre avec ton doigt à quelle syllabe correspond chacune de ces images.

Cache bien les dessins avec les étiquettes. Ne triche pas. Essaie de trouver tout seul. Tu pourras ensuite soulever tes étiquettes pour vérifier tes réponses.

la poupée

pé

le pot

po

le tapis

pi

cheveux crépus

pu

la pipe

pe

les pas

pa

Ces quatre images avec leur syllabe t'aident à lire les étiquettes des dessins de la page suivante.
Deux syllabes sont absentes dans cette couleur. Lesquelles ?

la poupée

pé

les pas

pa

le tapis

pi

le pot

po

TES PREMIERS MOTS

Lis les étiquettes des dessins, puis cache-les. Retrouve-les en bas de la page. Montre avec ton doigt les étiquettes qui correspondent à papa, pépé, pipo.

papa

pipo

pépé

Attention au piège des fausses étiquettes !

pape

papi

pipi

papa

pipo

pépé

popi

JOUE AVEC LES « te »

Regarde les images et dis tout haut ce que tu vois. Répète ensuite tout bas le mot de l'image et tout haut la dernière syllabe.

la porte

te

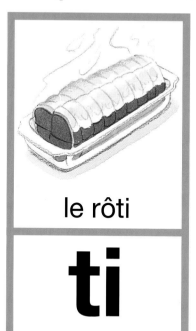

le rôti

ti

la tortue

tu

la moto

to

le tas

ta

les pâtés

té

Cache les syllabes de la page de gauche avec les étiquettes que tu as découpées et montre avec ton doigt à quelle image correspond chaque syllabe que tu vois ci-dessous. Soulève les caches pour vérifier.

JOUE AVEC LES IMAGES

Cache les images de la page de droite avec les étiquettes que tu as découpées et montre avec ton doigt à quelle syllabe correspond chaque image.

Cache bien les dessins avec les étiquettes. Ne triche pas. Essaie de trouver tout seul. Tu pourras ensuite soulever tes étiquettes pour vérifier tes réponses.

le tas

ta

la tortue

tu

la porte

te

le rôti

ti

les pâtés

té

la moto

to

GENTIL PIPO !

Les pastilles de couleur sous les syllabes t'aident à les lire pour former des mots. Plusieurs mots forment une phrase.
Les phrases te serviront à lire des histoires.

pépé tapote pipo.

PEPE RENCONTRE TATI

Tati fait ses courses et soudain, près de la fontaine, qui rencontre-t-elle ? Montre le mot qui dit ce qu'elle fait.

tati papote, patati... patata...

JOUE AVEC LES « re »

Regarde les images et dis tout haut ce que tu vois. Répète ensuite tout bas le mot de l'image et tout haut la dernière syllabe.

la poire

re

la souris

ri

la rue

ru

le pierrot

ro

le rat

ra

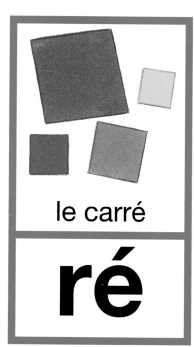

le carré

ré

22

Cache les syllabes de la page de gauche avec les étiquettes que tu as découpées et montre avec ton doigt à quelle image correspond chaque syllabe que tu vois ci-dessous. Soulève les caches pour vérifier.

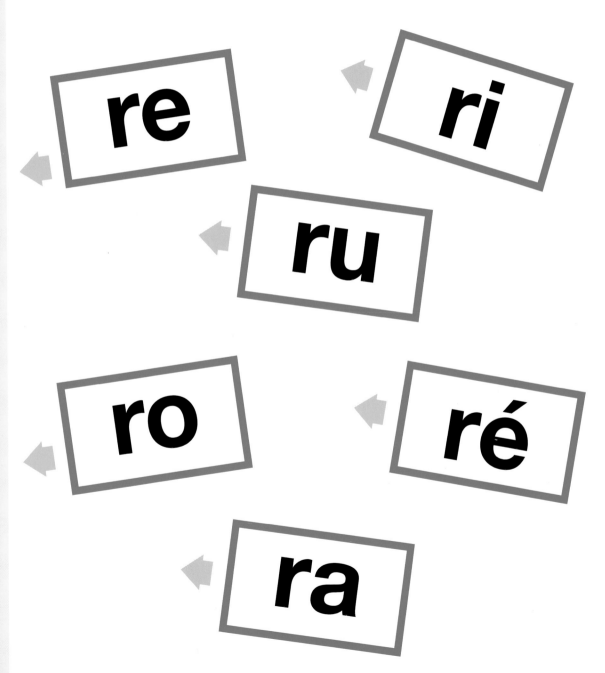

JOUE AVEC LES IMAGES

Cache les images de la page de droite avec les étiquettes que tu as découpées et montre avec ton doigt à quelle syllabe correspond chaque image.

Cache bien les dessins avec les étiquettes. Ne triche pas.
Essaie de trouver tout seul. Tu pourras ensuite soulever tes
étiquettes pour vérifier tes réponses.

la rue

ru

le carré

ré

le pierrot

ro

la souris

ri

la poire

re

le rat

ra

RITA FAIT UNE BETISE

Montre les trois étiquettes qui disent ce que fait papa.
Montre l'étiquette qui dit ce que rita a voulu manger.

rita   **pépé**   **papa**   **tire**

rôti   **tape**

papa tape rita.

LE PETIT ANE PIPO

Quelle étiquette dit ce que fait pipo ? Qui est dans la charrette ?
Combien d'étiquettes ont 3 syllabes ? Laquelle dit où pipo mange ?
Quelle étiquette dit qui marche en avant ?

tape **rita** **pâture** **pipo** **parure** **pépé** **tire**

pipo tire rita.

JOUE AVEC LES MOTS

Lis les mots sous les dessins. Les petites pastilles de couleur
te permettent de reconnaître les syllabes.

petite
● ● ●

patate
● ● ●

pâture
● ● ●

rature
● ● ●

parure
● ● ●

pirate
● ● ●

Cache les mots de la page de gauche avec les étiquettes que tu as découpées et montre avec ton doigt à quelle image correspond chaque mot que tu vois ci-dessous. Soulève les caches pour vérifier.

pirate

rature

petite

parure

patate

pâture

LES SYLLABES ENVOLEES

Des syllabes se sont envolées dans les noms mentionnés sous les images. Retrouve-les.

pi ?

ri ?

ratu ?

pi ? te

pi ?

rô ?

 re   ti   po   ra   pe   ta

LE BON CHEMIN

Regarde bien les images et essaie de trouver le bon chemin en associant chaque personnage à ce qu'il cherche.

 **cherche sa**

 **veut voler le**

veut retourner à sa

pipe **pâture** **rôti**

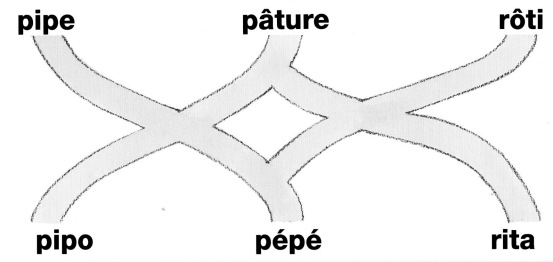

pipo **pépé** **rita**

JOUE A CACHE-DESSIN

Cache les dessins avec des pièces de monnaie. Lis les syllabes en colonne et en ligne et retrouve les noms des dessins cachés.

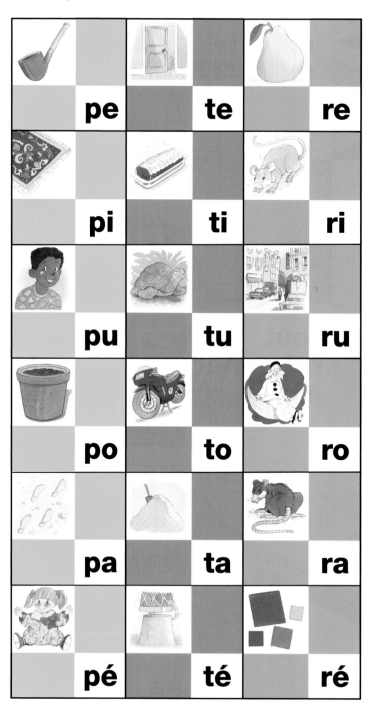

DEUX PAR DEUX

Regarde bien les images. Lis les mots et associe 2 par 2 les images et les mots.

parure

rature

rôti

pirate

patate

pâture

JOUE AVEC LES « ne »

Regarde les images et dis tout haut ce que tu vois. Répète ensuite tout bas le mot de l'image et tout haut la dernière syllabe.

la lune

ne

le nid

ni

il est nu

nu

le piano

no

le cadenas

na

la cheminée

né

Cache les syllabes de la page de gauche avec les étiquettes que tu as découpées et montre avec ton doigt à quelle image correspond chaque syllabe que tu vois ci-dessous. Soulève les caches pour vérifier.

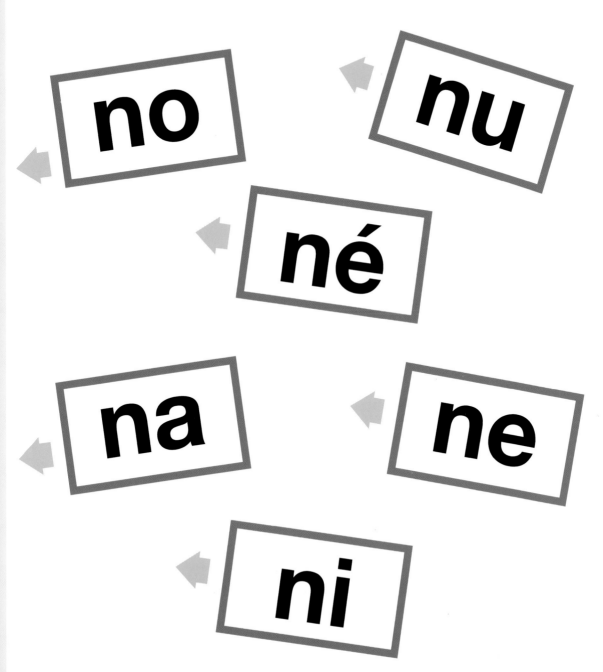

JOUE AVEC LES IMAGES

Cache les images de la page de droite avec les étiquettes que tu as découpées et montre avec ton doigt à quelle syllabe correspond chaque image.

Cache bien les dessins avec les étiquettes. Ne triche pas.
Essaie de trouver tout seul. Tu pourras ensuite soulever tes
étiquettes pour vérifier tes réponses.

la cheminée

né

le piano

no

le cadenas

na

la lune

ne

il est nu

nu

le nid

ni

NINA PATINE

Aide-toi des pastilles de couleur pour lire la phrase sous le dessin.
Que crie pépé à nina ?

nina patine nu-tête.

A L'ATTAQUE

Les pirates ont attaqué le bateau. Que dit le capitaine ?
Montre qui est le pirate !

pirate ne tire pas !

JEUX DES ETIQUETTES

Montre l'étiquette qui correspond à ces pastilles de couleur :
● ● ● - Cherche le nom du petit garçon.

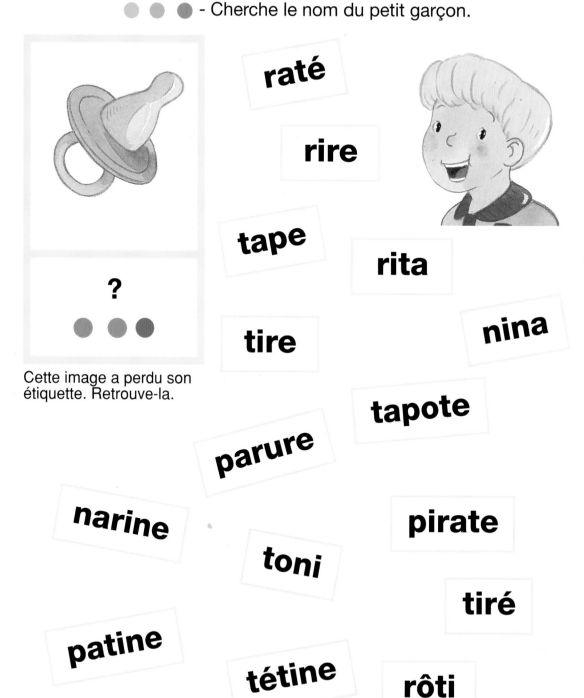

raté

rire

tape

rita

?

tire

nina

Cette image a perdu son étiquette. Retrouve-la.

tapote

parure

narine

pirate

toni

tiré

patine

tétine

rôti

COLIN-MAILLARD

Lis la phrase sous le dessin.
Que fait pépé ? Montre toni. Que dit nina ?

nina tâtonne • rené tire nina • pépé rit.

QUI EST-CE ?

Essaie de reconnaître ces personnages et retrouve la syllabe effacée de leur prénom.

ni ?   **to ?**   **re ?**

ré

pa

te

nu

re

ri

to

po

tu

no

pi

té

na

ra

né

ta

pe

ru

ne

ro

ti

ni

pé

pu

NANIE JOUE AVEC SA TETINE

Que dit papa à nanie ? Remets les étiquettes dans l'ordre de la phrase que dit papa en les montrant avec ton doigt.

petite nanie, ne retire pas ta tétine !

JOUE AVEC LES « le »

Regarde les images et dis tout haut ce que tu vois. Répète ensuite tout bas le mot de l'image et tout haut la dernière syllabe.

la poule

le

le lit

li

le torse poilu

lu

le vélo

lo

le chocolat

la

la télé

lé

Cache les syllabes de la page de gauche avec les étiquettes que tu as découpées et montre avec ton doigt à quelle image correspond chaque syllabe que tu vois ci-dessous. Soulève les caches pour vérifier.

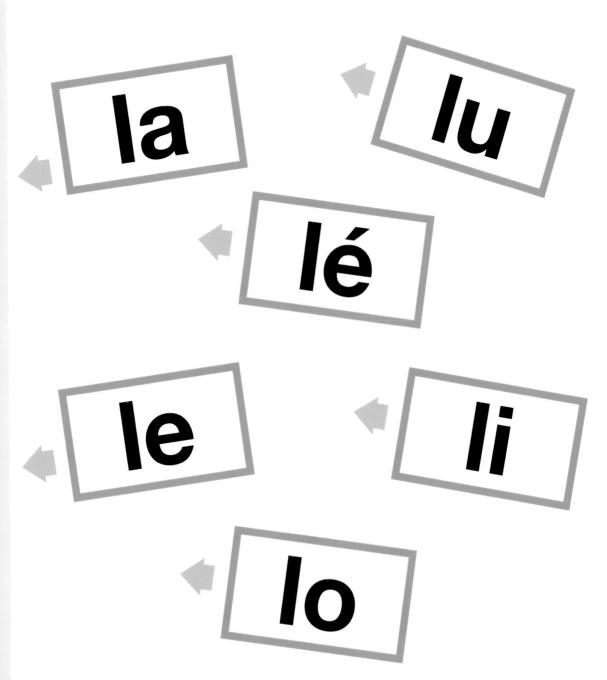

JOUE AVEC LES IMAGES

Cache les images de la page de droite avec les étiquettes que tu as découpées et montre avec ton doigt à quelle syllabe correspond chaque image.

Cache bien les dessins avec les étiquettes. Ne triche pas.
Essaie de trouver tout seul. Tu pourras ensuite soulever tes
étiquettes pour vérifier tes réponses.

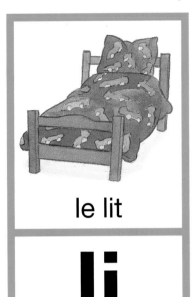

le lit

li

la télé

lé

le chocolat

la

le torse poilu

lu

le vélo

lo

la poule

le

JOUE AVEC LES MOTS

Lis les mots sous les dessins. Les petites pastilles de couleur
te permettent de reconnaître les syllabes.

le lori

la tôle

le talus

la lutte

le lilas

le tulle

Cache les mots de la page de gauche avec les étiquettes que tu as découpées et montre avec ton doigt à quelle image correspond chaque mot que tu vois ci-dessous. Soulève les caches pour vérifier.

la lutte

le lilas

le lori

le tulle

le talus

la tôle

CHEZ LULU

Papa est tombé en panne avec sa voiture ! Il va voir son garagiste. Comment s'appelle-t-il ? Remets les étiquettes dans le bon ordre en les montrant avec ton doigt.

papa relate la panne.

LA VOITURE EST EN PANNE

Les pastilles sous les mots se sont décolorées. Dis pour chacune la couleur qu'elle avait. Montre avec le doigt comment tu remets ces étiquettes dans le bon ordre.

répare   la   lulu   la

repère   panne

lulu repère la panne, la répare.

○ ○ ○ ○ ○ ○ ○ ○ ○ ○ ○ ○

JOUE AVEC LES MOTS

Lis les mots sous les dessins. Les petites pastilles de couleur te permettent de reconnaître les syllabes.

la lote

la pile

la télé

le polo

le loto

la lune

Cache les mots de la page de gauche avec les étiquettes que tu as découpées et montre avec ton doigt à quelle image correspond chaque mot que tu vois ci-dessous. Soulève les caches pour vérifier.

la pile

le polo

le loto

la lote

la lune

la télé

LARA VA TOMBER

Observe bien la scène et lis la phrase sous le dessin. Que fait poli ?
Montre lara. Montre nola.

poli rue, tire-le, tire-le ! répète nola.

POLI EST TETU

Essaie de lire la phrase sous le dessin, puis replace les étiquettes dans l'ordre en les montrant avec ton doigt.

tire

le

lara

poli

têtu

lara tire poli, le têtu.

JOUE AVEC LES MOTS

Lis les mots sous les dessins. Les petites pastilles de couleur
te permettent de reconnaître les syllabes.

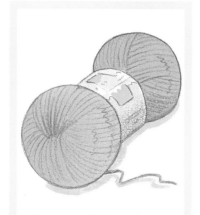

la pelote

la linotte

la rotule

la loterie

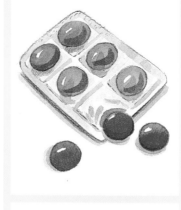

la pilule

le pilote

Cache les mots de la page de gauche avec les étiquettes que tu as découpées et montre avec ton doigt à quelle image correspond chaque mot que tu vois ci-dessous. Soulève les caches pour vérifier.

la linotte

la pilule

la loterie

le pilote

la pelote

la rotule

JOUE AVEC LES MOTS

Lis les mots sous les dessins. Les petites pastilles de couleur
te permettent de reconnaître les syllabes.

la tirelire

la pelure

le pétale

la pèlerine

la lapine

la lunule

Cache les mots de la page de gauche avec les étiquettes que tu as découpées et montre avec ton doigt à quelle image correspond chaque mot que tu vois ci-dessous. Soulève les caches pour vérifier.

la pelure

la lapine

la pèlerine

la tirelire

la lunule

le pétale

LE BON CHEMIN

Regarde bien les images et essaie de trouver le bon chemin en associant chaque personnage à ce qu'il cherche.

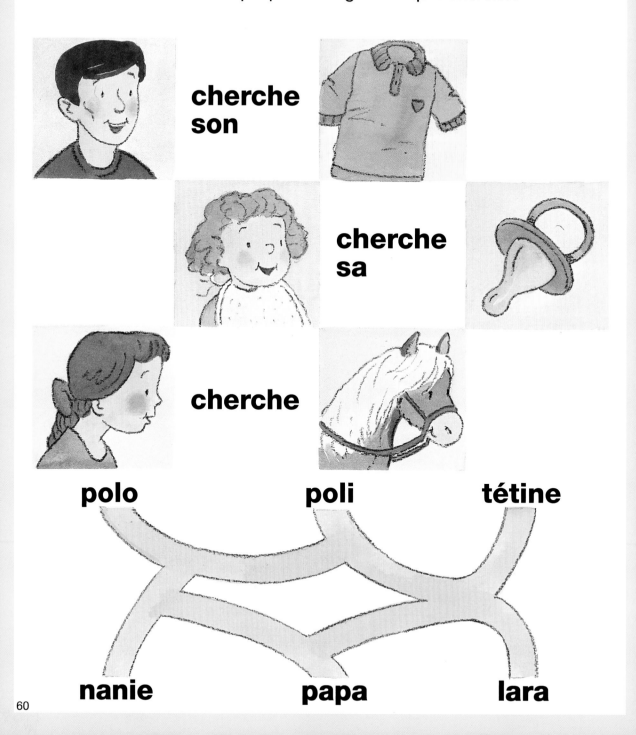

cherche son

cherche sa

cherche

polo poli tétine

nanie papa lara

LA FARANDOLE

Nomme tous les enfants de la farandole. Aide-toi en regardant les dessins des autres pages. Que chantent-ils ?

tirelirelire... tirelirela...

JOUE A CACHE-DESSIN

Cache les dessins avec des pièces de monnaie. Lis les syllabes en colonne et en ligne et retrouve les noms des dessins cachés.

pe	**te**	**re**	**ne**	**le**
pi	**ti**	**ri**	**ni**	**li**
pu	**tu**	**ru**	**nu**	**lu**
po	**to**	**ro**	**no**	**lo**
pa	**ta**	**ra**	**na**	**la**
pé	**té**	**ré**	**né**	**lé**

DEUX PAR DEUX

Regarde bien les images. Lis les mots et associe 2 par 2 les images et les mots.

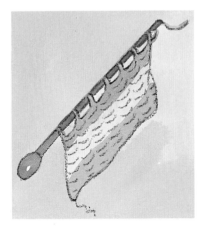
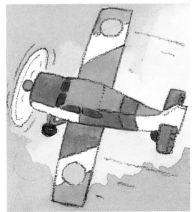

pile

pilote

tirelire

pelote

pilule

linotte

CHUT ! LOLITA CHANTE

Quelle étiquette dit le nom du petit garçon ? Quelle étiquette dit le nom de la fille qui le tire ? Quelle étiquette dit le nom de la fleur ?

répète   note   tulipe   la

lola   la   tino   lolita

lolita répète la note la...

LES SYLLABES ENVOLEES

Des syllabes se sont envolées dans les noms mentionnés sous les images. Retrouve-les.

la té ?

la ? ne

la pou ?

la tu ? pe

la pi ?

le po ?

lu   lé

le   li

lo   le

RITA VEUT JOUER

Comment s'appelle la petite fille et qui est sur le banc ? Reconstitue la phrase du bas en montrant les étiquettes dans l'ordre.

rita tire la pelote. pénélope tape rita...

LE BON CHEMIN

Regarde bien les images et essaie de trouver le bon chemin en associant chaque personnage à ce qu'il cherche.

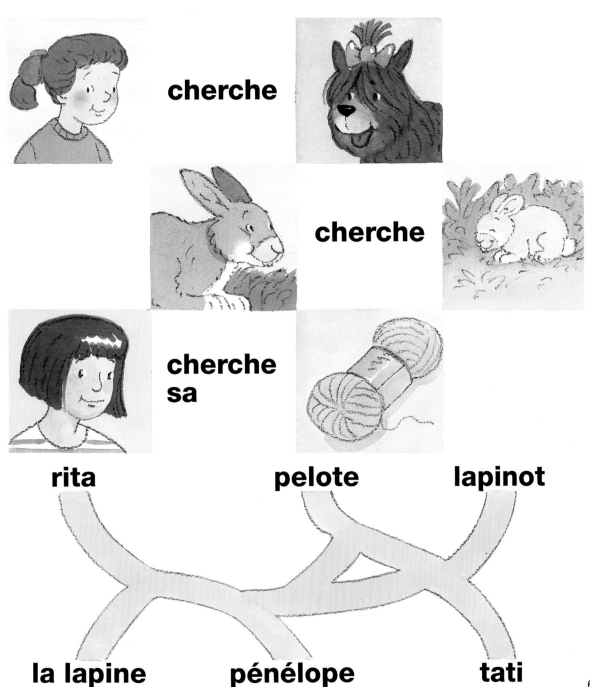

cherche

cherche

cherche sa

rita   pelote   lapinot

la lapine   pénélope   tati

C'EST L'HEURE DE MANGER

Que fait la lapine ? Comment s'appelle le garçon ? Que dit-il ?
Replace les étiquettes dans l'ordre du texte en les montrant
avec ton doigt.

la lapine tire le lilas.

A LA BIBLIOTHEQUE

Comment s'appelle la dame qui surveille les enfants ? Remets les étiquettes dans l'ordre en les montrant avec ton doigt.

petit lulu tire la pile.

JOUE AVEC LES « se »

Regarde les images et dis tout haut ce que tu vois. Répète ensuite tout bas le mot de l'image et tout haut la dernière syllabe.

la tasse

se

ils sont assis

si

du tissu

su

le lasso

so

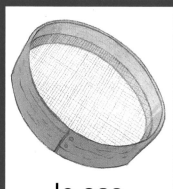

le sas

sa

c'est cassé

sé

Cache les syllabes de la page de gauche avec les étiquettes que tu as découpées et montre avec ton doigt à quelle image correspond chaque syllabe que tu vois ci-dessous. Soulève les caches pour vérifier.

JOUE AVEC LES IMAGES

Cache les images de la page de droite avec les étiquettes que tu as découpées et montre avec ton doigt à quelle syllabe correspond chaque image.

Cache bien les dessins avec les étiquettes. Ne triche pas.
Essaie de trouver tout seul. Tu pourras ensuite soulever tes
étiquettes pour vérifier tes réponses.

le lasso

so

le sas

sa

ils sont assis

si

la tasse

se

c'est cassé

sé

le tissu

su

JOUE AVEC LES MOTS

Lis les mots sous les dessins. Les petites pastilles de couleur
te permettent de reconnaître les syllabes.

le lasso

la tasse

la salle

le sirop

la nasse

le tissu

Cache les mots de la page de gauche avec les étiquettes que tu as découpées et montre avec ton doigt à quelle image correspond chaque mot que tu vois ci-dessous. Soulève les caches pour vérifier.

la tasse

le sirop

le tissu

le lasso

la salle

la nasse

JOUE AVEC LES MOTS

Lis les mots sous les dessins. Les petites pastilles de couleur
te permettent de reconnaître les syllabes.

le solo

la sole

le sari

le salut

le silo

sire !

Cache les mots de la page de gauche avec les étiquettes que tu as découpées et montre avec ton doigt à quelle image correspond chaque mot que tu vois ci-dessous. Soulève les caches pour vérifier.

la sole

le salut

le solo

le silo

sire !

le sari

JOUE AVEC LES MOTS

Lis les mots sous les dessins. Les petites pastilles de couleur
te permettent de reconnaître les syllabes.

la rosse

le russe

la suture

la sirène

le silure

le silène

Cache les mots de la page de gauche avec les étiquettes que tu as découpées et montre avec ton doigt à quelle image correspond chaque mot que tu vois ci-dessous. Soulève les caches pour vérifier.

la sirène

le silène

le russe

la suture

la rosse

le silure

JOUE AVEC LES MOTS

Lis les mots sous les dessins. Les petites pastilles de couleur
te permettent de reconnaître les syllabes.

la pâtisserie

la tapisserie

la sonnerie

la salissure

la russule

la pelisse

Cache les mots de la page de gauche avec les étiquettes que tu as découpées et montre avec ton doigt à quelle image correspond chaque mot que tu vois ci-dessous. Soulève les caches pour vérifier.

la sonnerie

la russule

la pâtisserie

la salissure

la tapisserie

la pelisse

PANISSE TAPISSE !

Panisse change le papier de la salle à manger. Que fait-il ? Remets les étiquettes dans l'ordre en les montrant avec ton doigt.

tapisse

panisse

salle

la

panisse tapisse la salle.

PROMENADE EN AUTOMNE

Comment s'appelle le champignon que découvre sara ? Replace les étiquettes dans le bon ordre en les montrant avec ton doigt.

sara repère la russule.

LES SYLLABES ENVOLEES

Des syllabes se sont envolées dans les noms mentionnés sous les images. Retrouve-les.

? ra

la ? nnerie

la pâtis ? rie

la rus ? le

la ? rène

la tas ?

 so   se    sa   si   se   su

BRRR ! QUEL TEMPS !

Lis le texte, puis remets les étiquettes en ordre pour reconstituer la phrase située sous le dessin en les montrant avec ton doigt.

retire **pelisse** **le** **sa** **russe**

le russe retire sa pelisse.

LA PETITE LAPONE
Qui est cette petite fille ? Qui tire son traîneau ? Replace les étiquettes dans le bon ordre en les montrant avec ton doigt.

tire, tire, petite lapone ! lassie s'arrêtera...

PUSSIE ADORE LE POISSON

Montre l'étiquette qui dit ce que guette pussie.
Montre celle qui dit ce que fait tati. Lis la phrase.

tati sale la sole rissolée.

LE BON CHEMIN

Regarde bien les images et essaie de trouver le bon chemin en associant chaque personnage à ce qu'il cherche.

**cherche
sa**

**cherche
la**

**cherche
une**

russule   **pelisse**   **tasse**

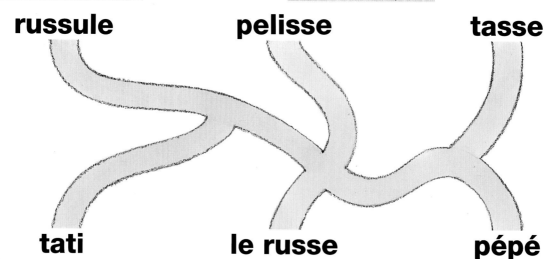

tati   **le russe**   **pépé**

TETUE, LA ROSSE !

Panisse a bien du mal à faire avancer son cheval, car il est très fatigué. Que dit panisse ? Est-il en colère ?

la rosse têtue s'arrête. panisse la tire.

DEUX PAR DEUX

Regarde bien les images. Lis les mots et associe 2 par 2 les images et les mots.

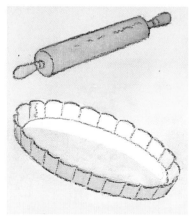

pâtisserie

lasso

sirène

tapisserie

sirop

tu repasses

LES DOMINOS

Sais-tu jouer aux dominos ? Deux dominos qui se suivent ont deux mêmes syllabes qui se touchent. Voici des dominos de personnages. Retrouve les syllabes effacées.

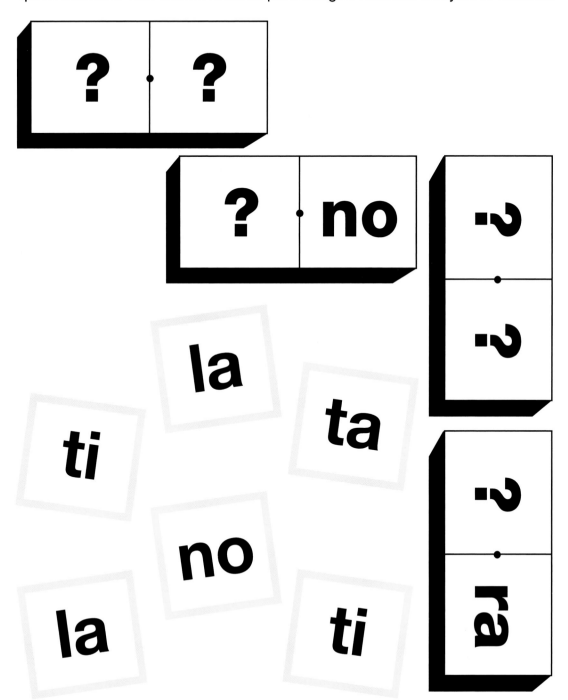

QUI FAIT QUOI ?
Lis chaque texte et montre l'image qui correspond à chaque action.

● **le ..?.. tapisse.** ● **le ..?.. passe.**

● **le ..?.. ratisse.** ● **le ..?.. sonne.**

SARA REPASSE

Essaie de lire le texte sous le dessin, puis replace les étiquettes dans l'ordre en les montrant du doigt.

sara repasse la nappe satinée.

DEUX PAR DEUX

Regarde bien les images. Lis les mots et associe 2 par 2 les images et les mots.

sole

tasse

silo

pelisse

sonnerie

tissu

PUSSIE EST MALADE

Comment s'appelle cette petite chatte ? Replace les étiquettes dans le bon ordre en les montrant avec ton doigt.

rit

lape

sara

le

pussie

sirop

lape, pussie, lape !

pussie lape le sirop. sara rit...

LA NAPPE EST SALIE

Tu peux t'aider des pastilles pour lire la phrase du bas. Remets les images dans l'ordre de l'histoire en les montrant avec ton doigt.

le sirop salit la nappe satinée.

Quel est le nom du produit de nettoyage qui sera utilisé ?
Remets les images dans l'ordre de l'histoire en les montrant
avec ton doigt.

papa rassure sara : la saponine retirera la salissure.

JOUE AVEC LES « be »

Regarde les images et dis tout haut ce que tu vois. Répète ensuite tout bas le mot de l'image et tout haut la dernière syllabe.

la robe

be

les habits

bi

le zébu

bu

le sabot

bo

les bas

ba

le bébé

bé

Cache les syllabes de la page de gauche avec les étiquettes que tu as découpées et montre avec ton doigt à quelle image correspond chaque syllabe que tu vois ci-dessous. Soulève les caches pour vérifier.

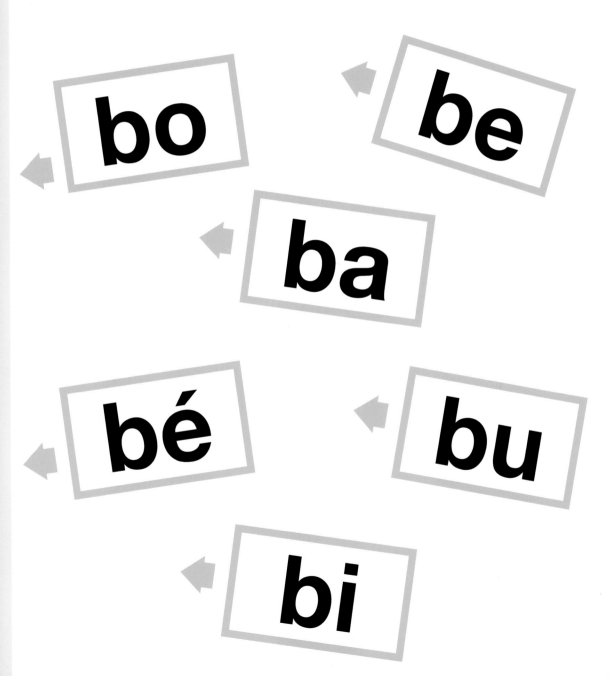

JOUE AVEC LES IMAGES

Cache les images de la page de droite avec les étiquettes que tu as découpées et montre avec ton doigt à quelle syllabe correspond chaque image.

Cache bien les dessins avec les étiquettes. Ne triche pas.
Essaie de trouver tout seul. Tu pourras ensuite soulever tes
étiquettes pour vérifier tes réponses.

le zébu

bu

les bas

ba

la robe

be

le bébé

bé

les habits

bi

le sabot

bo

JOUE AVEC LES MOTS

Lis les mots sous les dessins. Les petites pastilles de couleur
te permettent de reconnaître les syllabes.

le bébé

le baba

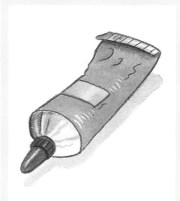

le tube

le robot

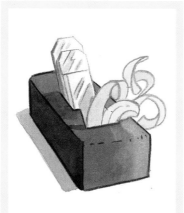

le rabot

le tuba

Cache les mots de la page de gauche avec les étiquettes que tu as découpées et montre avec ton doigt à quelle image correspond chaque mot que tu vois ci-dessous. Soulève les caches pour vérifier.

le tube

le rabot

le bébé

le tuba

le baba

le robot

JOUE AVEC LES MOTS

Lis les mots sous les dessins. Les petites pastilles de couleur te permettent de reconnaître les syllabes.

la robe

la balle

le sabot

la bulle

le tabac

la barre

Cache les mots de la page de gauche avec les étiquettes que tu as découpées et montre avec ton doigt à quelle image correspond chaque mot que tu vois ci-dessous. Soulève les caches pour vérifier.

le sabot

la robe

la barre

la bulle

le tabac

la balle

JOUE AVEC LES MOTS

Lis les mots sous les dessins. Les petites pastilles de couleur
te permettent de reconnaître les syllabes.

la botte

le rubis

la bosse

le lobe

la butte

la bottine

Cache les mots de la page de gauche avec les étiquettes que tu as découpées et montre avec ton doigt à quelle image correspond chaque mot que tu vois ci-dessous. Soulève les caches pour vérifier.

le rubis

la bosse

la butte

la bottine

le lobe

la botte

JOUE AVEC LES MOTS

Lis les mots sous les dessins. Les petites pastilles de couleur
te permettent de reconnaître les syllabes.

la bassine

le boléro

le ballot

la baratte

la belote

la banane

Cache les mots de la page de gauche avec les étiquettes que tu as découpées et montre avec ton doigt à quelle image correspond chaque mot que tu vois ci-dessous. Soulève les caches pour vérifier.

le boléro

la banane

la belote

la bassine

la baratte

le ballot

JOUE AVEC LES MOTS

Lis les mots sous les dessins. Les petites pastilles de couleur
te permettent de reconnaître les syllabes.

la bobine

la baronne

la ballerine

la babine

le bibelot

la batterie

Cache les mots de la page de gauche avec les étiquettes que tu as découpées et montre avec ton doigt à quelle image correspond chaque mot que tu vois ci-dessous. Soulève les caches pour vérifier.

la ballerine

la babine

la bobine

la baronne

la batterie

le bibelot

ATTENTION ! BEBE VA TOMBER !
Quel mot montre que bébé ne tient pas bien sur ses jambes ?
Remets les étiquettes dans l'ordre de la phrase en les montrant
avec ton doigt.

la   tire   titube

bébé   bobine

bébé tire la bobine, titube...

LE PETIT ANE EST CHARGE !

Quel mot dit que l'âne est équipé pour porter un chargement ?
Replace les étiquettes dans le bon ordre en les montrant
avec ton doigt.

tapote

bâté

l'âne

sabina

sabina tapote l'âne bâté.

DEUX PAR DEUX

Regarde bien les images. Lis les mots et associe 2 par 2 les images et les mots.

ballerine

tube

bassine

bobine

bébé

but

114

BABO A FAIM

Comment s'appelle le petit singe qui tire la banane ? Replace les étiquettes dans le bon ordre en les montrant avec ton doigt.

babo tire la banane.

LA PARTIE DE TENNIS

Essaie de lire la phrase sous le dessin. Qui rate la balle ?
Remets les étiquettes dans l'ordre en les montrant avec ton doigt.

bobi s'étire, rate la balle... battu, bobi !

LES SYLLABES ENVOLEES

Des syllabes se sont envolées dans les noms mentionnés sous les images. Retrouve-les.

la bat ? rie

la balle ? ne

la bo ? ne

la ba ? nne

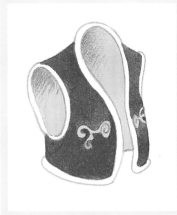

le bo ? ro

la ? ssine

 **ri** **lé**  **ro** **te**  **bi** **ba**

LE BON CHEMIN

Regarde bien les images et essaie de trouver le bon chemin en associant chaque personnage à ce qu'il cherche.

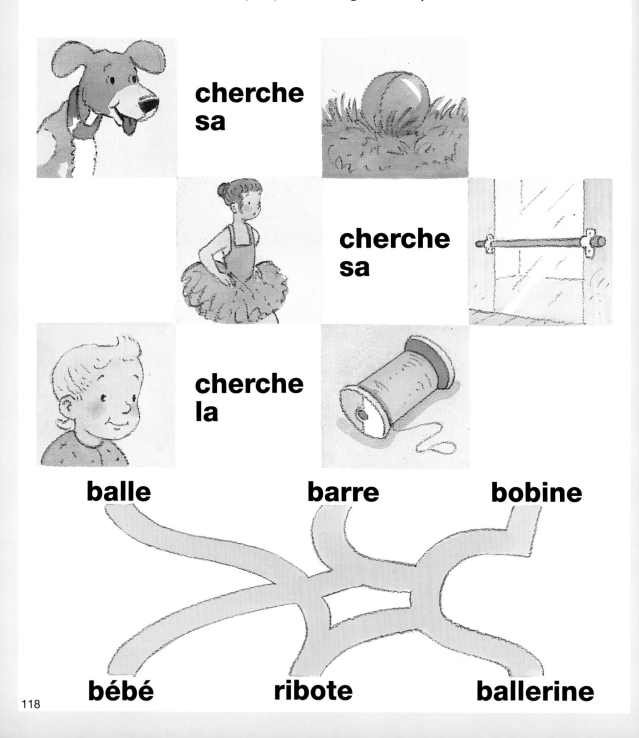

cherche sa

cherche sa

cherche la

balle   barre   bobine

bébé   ribote   ballerine

RIBOTE TIRE LE BAS

Lis les phrases et montre avec ton doigt les images en les mettant dans l'ordre de l'histoire.

ribote tire le bas.
bébé rit.

sabine répète : « bobi ne libère pas ribote ! »

sabine s'étire.
bébé tire la bassine.

bobi, têtu, libère ribote.

QUI FAIT QUOI ?

Lis chaque texte et montre l'image qui correspond à chaque action.

● le ..?.. butine.   ● le ..?.. bâtit.

● le ..?.. rabote.   ● le ..?.. bine.

PUSSIE JOUE A CACHE-CACHE

Pussie s'amuse avec les bottes. Comment s'appelle la petite fille qui la libère ? Remets les images dans l'ordre de l'histoire en les montrant avec ton doigt.

pussie tire la botte. sabine repère pussie.
la petite la libère, ne la bat pas, la rassure.

BEBE SE FACHE

Lis les phrases sous les images et montre avec ton doigt les images en les mettant dans l'ordre de l'histoire.

pépé répète : « ne tape pas tobi ! »

la bobine s'arrête.

tobi ne libère pas la bobine.

bébé tape tobi.

A COMPLETER

Regarde les images et complète chacune des phrases avec un des mots situés au bas de la page.

tati ..?.. le rôti

papa ..?.. sa télé

sara ..?.. la russule

bobi ..?.. la barre

sole	repère	ribote

répare	rabote	sale

L'un des 2 mots non utilisés peut manger l'autre. Avec ces 2 mots invente une phrase avec les syllabes que tu as apprises.

RIBOTE AIME LA SOLE

Lis les phrases et montre avec ton doigt les images en les mettant dans l'ordre de l'histoire. Pourquoi cette histoire est-elle drôle ?

pussie ne tirera pas la sole.

la sole attire pussie.

pussie se retire, tête basse.

ribote tire la sole.

RIBOTE NE TROUVE PAS LA BALLE

Lis les phrases et montre avec ton doigt les images en les mettant dans l'ordre de l'histoire.

là-bas ! répète bobi.

ribote tire bobi.

bobi retire la balle.

ribote ne repère pas sa balle.

MIAM ! MIAM !

La petite sabine a protégé sa belle robe satinée avec une serviette : la confiture ne salira pas sa robe. Montre l'étiquette qui dit le nom de la petite fille.

petite · satinée · robe · ne · pas · salira · la · sabine · sa

la petite sabine ne salira pas sa robe satinée.

L'OISEAU S'ENVOLE

Montre l'étiquette qui indique ce que fait bébé. Montre celle qui donne le nom de l'oiseau. Lis la phrase du bas.

petite

libère

bébé

la

serine

bébé libère la petite serine.

BOBI TRAVAILLE

Lis le texte du dessin. Cache-le avec ton bras. Puis remets en ordre les étiquettes en les montrant avec ton doigt.

bobi rabote la barre bosselée.

LE BEAU SPECTACLE !

Que fait la ballerine ? Lis le texte sous le dessin. Cache-le avec ton bras et remets les étiquettes dans l'ordre.

salue

baronne

ballerine

la

la

la ballerine salue la baronne.

JOUE A CACHE-DESSIN

Cache les dessins avec des pièces de monnaie. Lis les syllabes en colonne et en ligne et retrouve les noms des dessins cachés.

	pe		te		re		ne		le
	pi		ti		ri		ni		li
	pu		tu		ru		nu		lu
	po		to		ro		no		lo
	pa		ta		ra		na		la
	pé		té		ré		né		lé

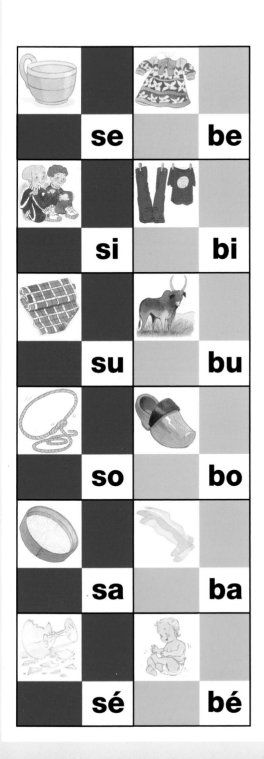

	se		**be**
	si		**bi**
	su		**bu**
	so		**bo**
	sa		**ba**
	sé		**bé**

Ces 42 syllabes t'ont fait découvrir la joie de lire.
Au fur et à mesure que tu avanceras en lecture, à l'école primaire, je souhaite que cette joie-là te donne envie d'aller toujours plus loin dans le monde merveilleux du livre.

L. Mestres

MDS : 283849
ISBN : 978-2-215-06624-8
© Groupe FLEURUS, 2001
Dépôt légal à la date de parution.
Conforme à la loi n°49-956 du 16 juillet 1949
sur les publications destinées à la jeunesse.
Imprimé en Italie (06-12)

le monde des imageries

Dès 1 an

Des livres

qui grand...

Découvre tes pro...

LA NATURE

LA MER

L'ESPACE

MOYEN ÂGE

PRÉHISTOIRE

LE CORPS

LES SCIENCE...

La collection Pourquoi - Comment ? répond aux q...

LES CHATS

DAUPHINS

LA SAVANE

LES FAUVES

LES MOTOS

CAMIONS

AUTOMOB...

la collection des grandes imageries : animaux - tra...

CATASTROPHES

LA POLICE

FANTASTIQUES

TOUR EIFFEL

L'ÉGYPTE

PRÉHISTOIRE

LES F...

32 pages + des images à découper.